AF363593

2 BREVETS
D'INVENTION.

ET UN DE
PERFECTIONNEMENT

Seule Médaille
d'honneur Or.

Obtenue pour
cette Notation.

NOUVELLE
NOTATION MUSICALE ITALIENNE
INVENTÉE PAR
P. F. CHERPANTIERI DE LA SALLE

Membre de l'Académie universelle des Arts et Manufactures, Sciences, Musique, Belles-Lettres et Beaux-Arts, Membre de l'Académie des Arts et Métiers, Industrie, Sciences et Belles-Lettres de Paris, &&.

Inventeur de nouveaux Orgues, Organinos et Pianos par un nouveau système de Clavier à trois rangs de touches de son invention qui rend ces instruments supérieurs à tous ceux existants, permettant de jouer des morceaux de musique à quatre mains avec deux &&. Seul facteur de ces instruments. Ayant obtenu plusieurs récompenses des Académies.

N° d 1007)   Prix-fixe : 1 Fr.   (2425)

Vᵐ ᶜHERPANTIERI, Editeur.   PARIS.   Rue des Vinaigriers, 52.

60

AVANT-PROPOS.

On sait combien est difficile la lecture de la musique, combien de méthodes ont été inventées, même par des hommes très-distingués, sans que personne soit arrivé à un résultat satisfaisant. Ces échecs successifs pouvaient faire douter du succès de mon nouveau système ; aussi ai-je cru devoir, afin d'éviter cet inconvénient, en présenter l'exposé à l'Académie universelle des arts et manufactures, sciences, musique, belles-lettres et beaux-arts de Paris, dont un rapport favorable, dont j'ai l'honneur de vous donner la copie, m'a valu la MÉDAILLE D'HONNEUR (*or*). C'est afin de faire ressortir les différences les plus sensibles qui existent entre ce nouveau système et l'ancien, et surtout afin que chacun puisse apprécier les immenses avantages qui doivent en résulter, que je vais en développer ici le plan.

Mon but est de supprimer les difficultés de la lecture musicale, telles que le dièze, le double-dièze, le bémol, le double-bémol, le bécarre, les clefs de *do*, de *fa*, de *sol* (dont chacune fait changer la dénomination des notes), les lignes supplémentaires de la portée, et de plus cette série de notes que chaque clef nécessite, et dont la lecture est si difficile. Je crois avoir réussi, sans pourtant changer les notes ni la valeur qu'elles ont dans l'ancien système ; ces notes sont seulement écrites d'une manière différente ; les signes *dièze*, *bémol* et *bécarre* sont remplacés par des notes blanches ; et les clefs, n'indiquant que les changements d'octave, ne font jamais changer le nom des notes. Il suffit donc de connaître sept notes pour les lire toutes.

Des méthodes de toute espèce pour les instruments, le chant et l'harmonie, ainsi que des romances et des morceaux de musique de tout genre seront publiés, afin que tous les amateurs puissent en profiter. Enfin un Abécédaire musical, d'une simplicité remarquable, permettra à chacun d'apprendre seul la musique.

J'espère que tous ceux qui s'intéressent au progrès musical s'empresseront, par leur adhésion, de concourir au succès de la cause à laquelle j'ai consacré ce travail.

CHERPANTIÈRI DE LA SALLE.

1853

ACADÉMIE UNIVERSELLE DES ARTS ET MANUFACTURES
(SCIENCES, MUSIQUE, BELLES-LETTRES ET BEAUX-ARTS DE PARIS.)

CLASSE DE MUSIQUE.

RAPPORT

FAIT

Sur la NOUVELLE NOTATION MUSICALE CHERPANTIÈRI, inventée par M. Paolino-Francesco CHERPANTIÈRI DE LA SALLE, de Nice, Piémont (brevetée).

MESSIEURS ET CHERS COLLÈGUES,

Depuis l'invention de la notation musicale, on a cherché maintes fois et de plusieurs manières à en simplifier l'écriture ; mais personne jusqu'à ce jour n'est arrivé à un résultat satisfaisant, sans avoir été obligé de changer les notes. Je crois que M. Cherpantièri est arrivé au but que tant d'hommes distingués ont cherché en vain.

M. Cherpantièri a mis la notation en rapport avec l'intonation, de manière qu'on n'a qu'à répéter l'octave comme l'on fait de la gamme, pour noter toutes les octaves qu'on puisse composer sur un instrument quelconque ; de sorte qu'il n'y a pas plus de difficultés avec une octave qu'avec vingt ou trente.

Quelques mots sur la Méthode Cherpantièri, comparée avec l'ancien système.

M. Cherpantièri a, dans sa méthode, deux sortes de notes pour noter la musique : blanches et noires.

Les noires servent à noter les tons, demi-tons diatoniques, et les blanches les demi-tons chromatiques. Ces notes ont chacune une valeur différente, comme celles de l'ancien système ; mais la même valeur existe entre les notes blanches et noires.

M. Cherpantièri a donné de nouveaux noms à ces notes, de sorte qu'en nommant la note, on en nomme aussi la valeur, ce qui simplifie de beaucoup la musique.

Il a mis également en rapport avec les notes les sept pauses, par leur forme et par leur valeur, de sorte qu'on reconnaît au premier coup d'œil leur valeur ou durée, ce qui facilite beaucoup la lecture de la musique.

M. Cherpantièri a donné aux demi-tons chromatiques un nom particulier, pour éviter de faire usage du double-dièze et du double-bémol, qui servent à baisser et à hausser la note d'un ton, parce qu'il se trouve dans les gammes composées deux notes distinctes, mais portant le même nom.

DE LA PORTÉE.

M. Cherpantièri place treize notes avec une seule ligne, et en transposant la clef, vingt-sept qui rempliraient les cinq lignes de la portée usuelle.

La portée de M. Cherpantièri se compose de trois lignes pouvant contenir vingt-sept notes, et en transposant la clef, cinquante-six qu'on ne pourrait placer, d'après l'ancien système, qu'au moyen d'une foule de lignes accessoires qui rendent la lecture de la musique très-difficile, ou en transposant la clef, ce qui change aussi le nom des notes.

AUTRE SIMPLIFICATION.

Aujourd'hui, pour lire la musique, il faut connaître la place qu'occupe toute une série de notes, selon les octaves qu'elles composent ; la difficulté est en outre rendue plus grande par les lignes accessoires, les signes et les différentes sortes de clefs qui changent le nom des notes.

Par le système Cherpantièri, il suffit de connaître sept notes pour pouvoir les lire toutes au premier coup d'œil, et l'on peut transposer les clefs sans changer le nom des notes, parce que les clefs ne servant qu'à marquer les octaves, en les transposant d'une ligne à l'autre, on hausse ou l'on baisse les notes d'une octave.

Autre difficulté dans l'ancien système : les signes dièze, double-dièze, bémol, double-bémol et bécarre rendent la lecture de la musique très-difficile ; M. Cherpantièri a remédié à cet inconvénient en supprimant tous ces signes, et en les remplaçant par des notes blanches dont nous avons déjà parlé.

On voit, d'après ces quelques comparaisons, la supériorité de la méthode Cherpantièri sur toutes celles qui ont paru jusqu'à ce jour, et sa simplicité qui, au lieu de décourager les élèves, leur permettra de faire de rapides progrès qui n'ont été obtenus jusqu'ici qu'après une longue assiduité, tant des élèves que du professeur.

Les Membres de la Commission d'examen :

Alexis COLLONGUES, premier violon du théâtre impérial de l'Opéra-comique, chef d'orchestre de la Société philharmonique de Paris; FRÉDÉRIC, premier violon à l'Opéra; M. TESTARD, professeur d'harmonie au lycée Louis-le-Grand ; Georges de MOMIGNI, compositeur; J. COUPLET, professeur d'harmonie et de contre-point à l'institution impériale des Jeunes-Aveugles.

Pour copie conforme à l'original.

Le Président de la classe de musique,
Paul HENRION,
Compositeur.

Le Rapporteur, Secrétaire de la classe de musique de l'Académie universelle des arts et manufactures.
GITZ.

EXTRAIT

DES COMPTES-RENDUS DES TRAVAUX DE L'ACADÉMIE UNIVERSELLE DES ARTS ET MANUFACTURES DE PARIS.

NOUVELLE MÉTHODE MUSICALE

BREVETÉE.

M. CHERPANTIÈRI DE LA SALLE.

La connaissance de la musique est aujourd'hui le complément d'une bonne éducation. — Le fait est certain, et pour en rechercher la cause, il n'est pas nécessaire de remonter aux temps fabuleux d'Amphion et d'Orphée, ni pour constater les bienfaits dont nous lui sommes redevables.

Il est fâcheux cependant qu'un art aussi agréable, qui nous procure de si pures émotions, exige tant de peines et de si longues études. Quelques savants praticiens ont cherché à modifier l'écriture musicale, afin de la rendre plus accessible à toutes les intelligences ; leurs recherches sont restées sans résultat. C'est à M. Cherpantièri qu'était réservé l'honneur de cette découverte. Sa méthode est en effet d'une simplicité remarquable. Il est parvenu à écrire la musique sans changer les notes employées. Il en a réduit la grande série au chiffre de sept, en répétant tout simplement l'octave, de même que l'on a fait jusqu'à ce jour de la gamme *do, re, mi, fa, sol, la, si, do,* etc., sans qu'il en résulte pour cela plus de difficulté. M. Cherpantièri supprime aussi tous les signes d'altération, tels que *dièze, double-dièze,* etc., et les remplace par des notes blanches. On peut, par ce nouveau système, noter la musique sur une, deux, trois, quatre lignes, etc., chaque ligne notant plus d'une octave. De plus, cette méthode peut servir facilement de sténographie aux compositeurs. — En résumé, nous sommes heureux de constater qu'elle présente une amélioration incontestable, et permettra aux personnes les moins favorisées par l'intelligence de lire et de retenir aisément tous les signes qu'elle renferme dans l'espace de quelques jours à peine.

M. Cherpantièri est non-seulement un compositeur de mérite, il est aussi facteur et inventeur de nouveaux instruments. Nous nous proposons de parler, dans un prochain article, de ses orgues et organinos, faits d'après un nouveau système de clavier à trois rangs de touches. Mentionnons, en terminant, que l'Académie universelle des arts et manufactures, musique, etc., sur le rapport des membres les plus compétents composant la classe de musique, n'hésita pas à lui décerner une MÉDAILLE D'HONNEUR *(or),* pour sa nouvelle méthode.

L. GRANDIER.

13231   Paris, typographie RENOU et MAULDE, rue de Rivoli, 144.

PRINCIPES DE LA MUSIQUE CHERPANTIERI

Breveté S.G.D.G.

ARTICLE I.

DES NOTES ET DES PAUSES LEURS NOMS ET LEURS VALEURS.

Les notes sont des figures qui représentent les sons et leur durée. Ces figures sont au nombre de sept noires et sept blanches; les noires servent à noter les tons, demi-tons diatoniques qu'on nome **DO, RA, MI, FA, SOL, LA, SI**,(1) et les blanches les demi-tons chromatiques que je nome **DE, RE, FE, SE, LE**, ces notes noires et blanches ont la même valeur, soit une temps, noire ou une temps blanche et ainsi des autres

Il y a aussi sept figures en rapport avec les notes qu'on nome pauses, qui servent à interrompre un chant ou une partie pendant un certain temps.

(1) J'ai mis **RA** en place de **RÉ** pour avoir **RE** pour le **RÉ** dièze

Exemple

4 temps Quarte temps	2 temps Détemps	1 temps Temps	½ temps Demi	¼ temps Quart	⅛ temps Huitième	¹⁄₁₆ temps Seizième	Valeurs des notes et des pauses. Nom des notes noires et blanches Notes noires.
							Notes blanches.
							Pauses.
Quarte pose	Dépose	pose	demi pose	quar pose	Huitième pose	Seizième pose	Noms des Pauses.

Tableau comparatif de la valeur des notes, même tableau pour les notes blanches.

ARTICLE II.

DE LA PORTEE ET DES CLEFS ANCIENNES ET MODERNES

La portée est de trois lignes tracées horisontalement et avec lesquelles on écrit la musique, Il y a deux portées de trois lignes; on peut les augmenter ou diminuer, Chaque lignes porte un numéro qui représente l'octave; le numéro est indiqué par la clef, la ligne où se trouve placée la clef de Primo est 5.ᵐᵉ ligne, et la ligne où est placée la clef de Secondo est 3.ᵐᵉ ligne, Toute ligne où la clef sera posée prendra le numéro de la clef.

Les deux portées se distinguent par les deux initiales de l'inventeur $\mathcal{P}$ et $\mathcal{C}$ le $\mathcal{P}$ est la clef de primo, et le $\mathcal{C}$ est la clef de secondo, le $\mathcal{P}$ remplace la clef de **SOL** et de **DO**, et le $\mathcal{C}$ la clef de **FA**.

Exemple

6ᵉ ligne		4ᵉ ligne	
5ᵉ ligne	$\mathcal{P}$ Clef de Primo	5ᵉ ligne	$\mathcal{C}$ Clef de Secondo
4ᵉ ligne	portée nouvelle	3ᵉ ligne	portée nouvelle
5ᵉ id		5ᵉ id	
4ᵉ id	Clef de Sol	4ᵉ id	Clef de Fa
3ᵉ 2ᵉ id	portée usuelle	3ᵉ 2ᵉ id	portée usuelle.
1ʳᵉ ligne		1ʳᵉ ligne	

Tableau comparatif de toutes les clefs modernes et anciennes.

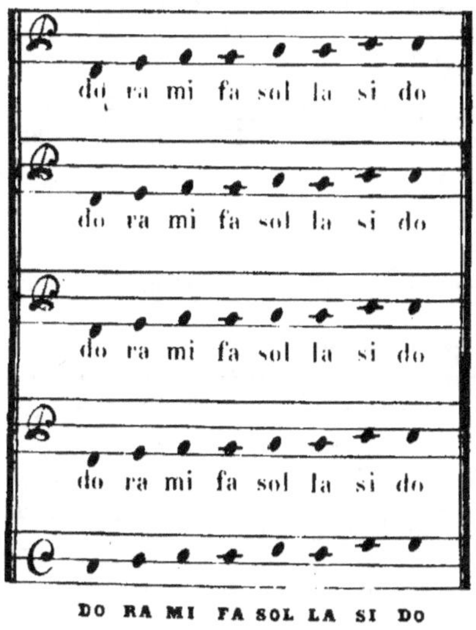

ARTICLE III.

MANIERE D'ECRIRE LES NOTES SUR LA PORTEE NOUVELLE

On pose les notes au dessous des lignes, sur les lignes, au dessus des lignes, entre les lignes, et dessus dessous détaché des lignes.

Exemple

SOL LA	SI DO	RA	MI FA	SOL LA	SI DO
SOL LA					
détaché des lignes	Dessous la ligne	sur la ligne	Dessus la ligne	Entre les lignes	Dessous la ligne

Tableau comparatif du nouveau système avec le système usuel.

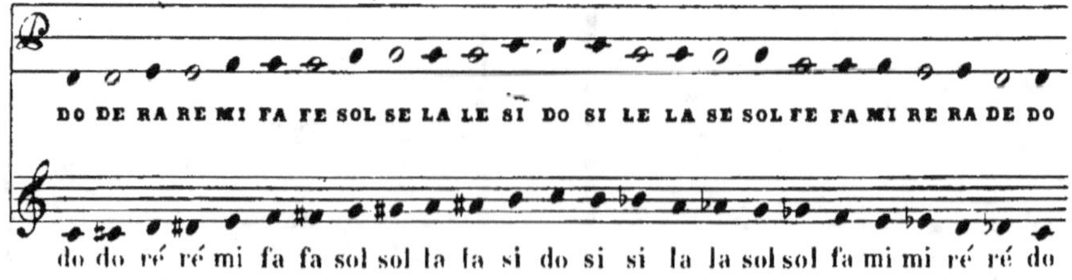

Gamme chromatique en montant et en descendant, nouvelle et usuelle

ARTICLE IV

DE LA TRANSPOSITION DES CLEFS.

Par le moyen des clefs on peut noter toutes les octaves à volonté. Pour hausser d'une octave il faut baisser la clef d'une ligne, et pour baisser d'une octave, il faut hausser d'une ligne.

Exemple

5ᵉ ligne	6ᵉ ligne	7ᵉ ligne	3ᵉ ligne	4ᵉ ligne	5ᵉ ligne
4ᵉ id	5ᵉ id	6ᵉ id	2ᵉ id	3ᵉ id	4ᵉ id
5ᵉ id	4ᵉ id	5ᵉ id	1ᵉ id	2ᵉ id	3ᵉ id
Clef haussée	Clef à sa place	Clef baissée	Clef haussée	Clef à sa place	Clef baissée

Effet produit par la clef de primo sur la portée à une ligne.

ARTICLE V.

DES GAMMES COMPOSEES

Voir **LA METHODE COMPLETE** pour toute la serie des gammes majeures et mineures

Gamme en **LE** mineur

Gamme en **SE** mineur

Galop pour l'Organino Cherpantieri, par Cherpantieri.

AIR ITALIEN.

AH! VOUS DIRAI-JE MAMAN.

Galop pour l'Organino Cherpantieri, par Cherpantieri.

In Sol. ma.
Allegro.

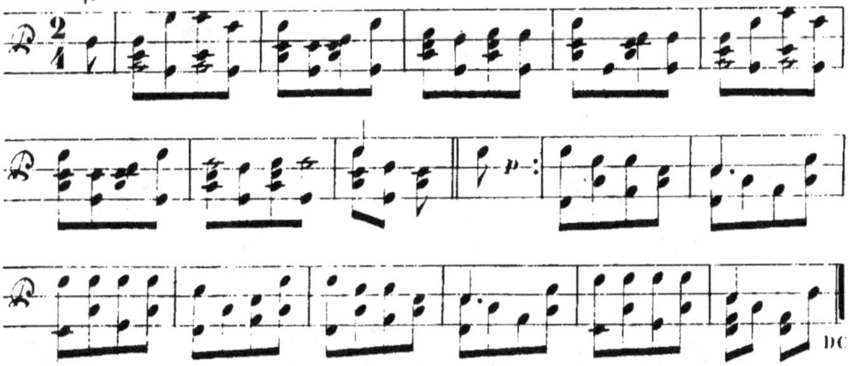

AIR ITALIEN.

In do. ma.
Moderato.

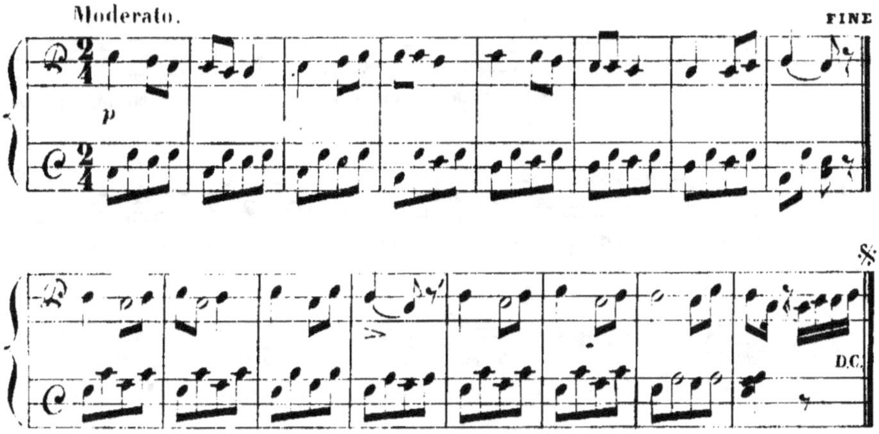

AH! VOUS DIRAI-JE MAMAN.

In Sol ma.
Andante.

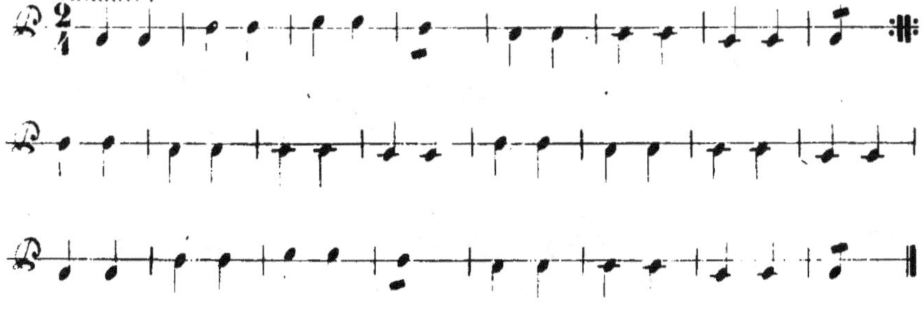

NICE.

en La♭ maj.
1er COUPLET.
Ni _ ce pays d'a _ mour,
rall.
de parfums et de fleurs; Le destin m'appor _ te bien
loin de tes ri _ va _ ges. Mais les doux souve _
animato.
_ nirs de tes ri_ants om _ bra _ ges, Comme des chants plain_
p
_ tifs me font verser des pleurs, comme des chants plaintifs me font verser des pleurs,
REFRAIN.
più mosso.
Oui je veux te revoir, O Ni _ ce toi que j'aime, Ni _ ce mon
bien su_prê _ me toi seule es mon es _ poir.
Lento.
2e COUPLET.
T'en sou _ vient-il dis moi
rall.
Quand notre es _ quif jo _ yeux

NICE.

In se mag.
1er COUPLET.
Ni _ ce pays d'a _ mour,
rall.
de parfums et de fleurs; Le destin m'appor _ te bien
loin de tes ri _ va _ ges. Mais les doux souve _ nirs
animato.
de tes ri _ ants om _ bra _ ges, Comme des chants plain_
_tifs me font verser des pleurs, comme des chants plaintifs me font verser des pleurs
REFRAIN.
più mosso.
Oui je veux te re_voir, O Ni_ce toi que j'ai_me, Ni _ ce mon
bien su_prè_me Toi seule es mon es _ poir.
Lento.
2e COUPLET.
T'en souvient - il dis moi
rall.
Quand notre es _ quif jo _ _ yeux

NOUVEAU CLAVIER pour ORGUE, ORGANINO et PIANO

inventé par CHERPANTIERI breveté S.G.D.G.

Les trois rangs de touches sont superposés d'un centimètre de hauteur de l'un à l'autre à la grandeur naturelle

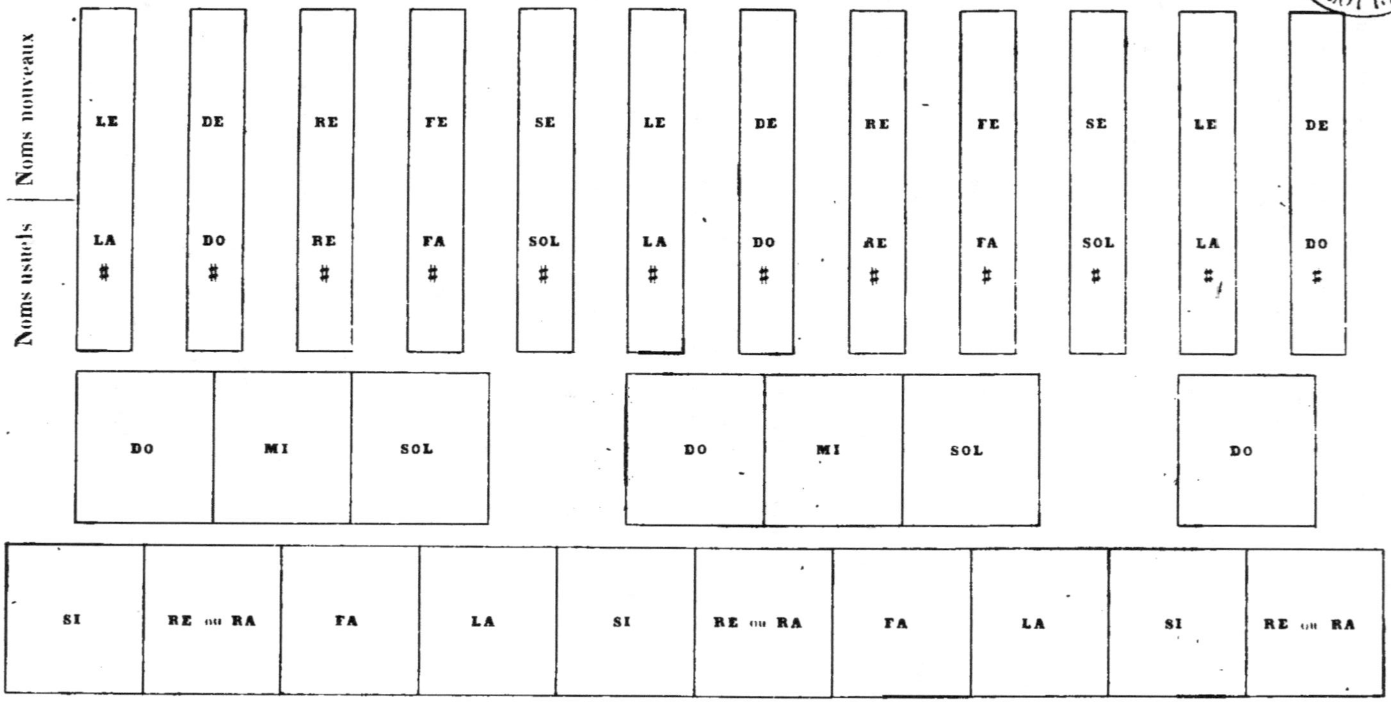

Noms usuels | Noms nouveaux

Noms nouveaux	Noms usuels
LE	LA #
DE	DO #
RE	RE #
FE	FA #
SE	SOL #
LE	LA #
DE	DO #
RE	AE #
FE	FA #
SE	SOL #
LE	LA #
DE	DO #

DO | MI | SOL | DO | MI | SOL | DO

SI | RE ou RA | FA | LA | SI | RE ou RA | FA | LA | SI | RE ou RA

12

Imp. Benoit, r. Meslay, 31, Paris.